I0786603

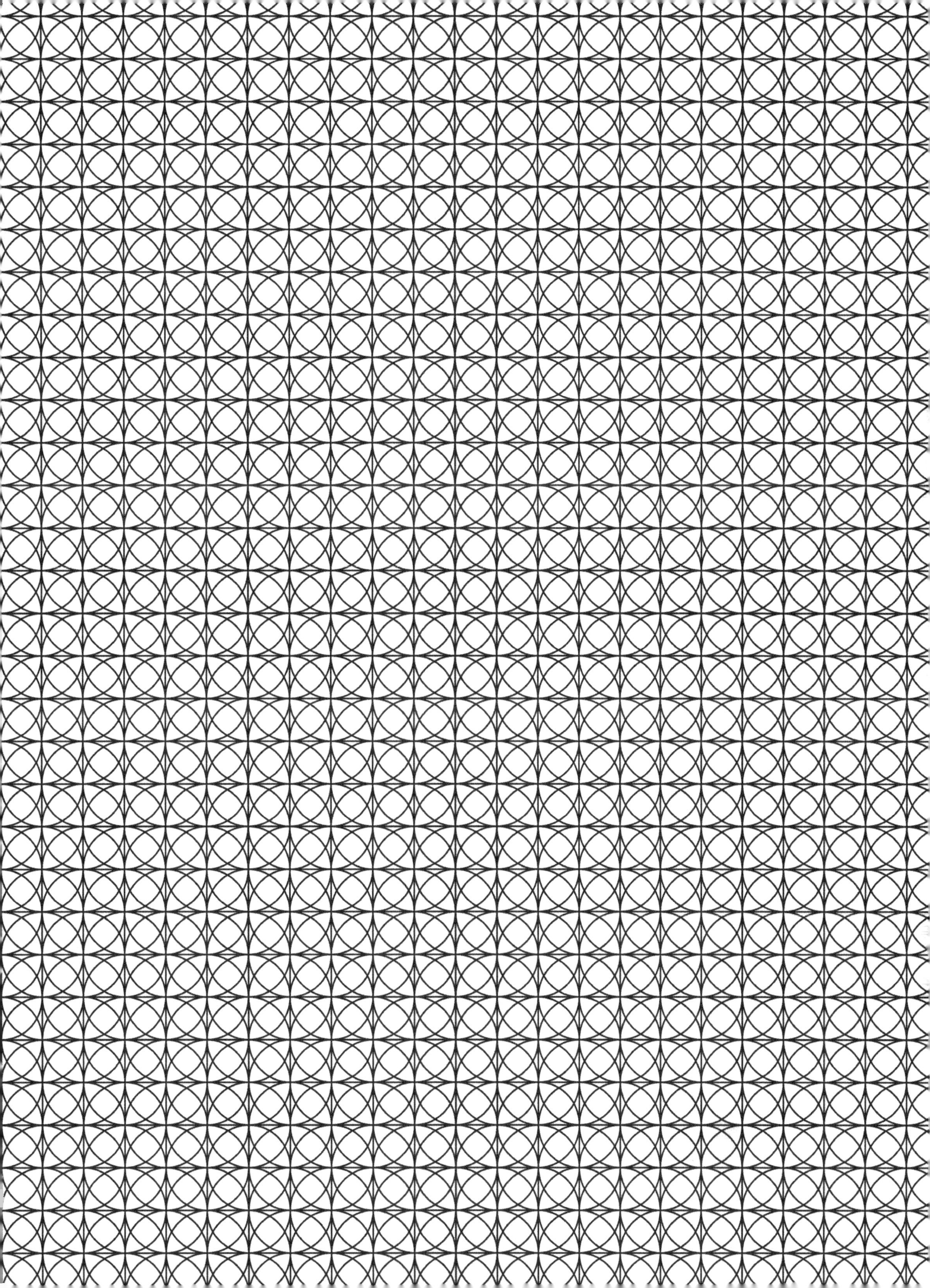

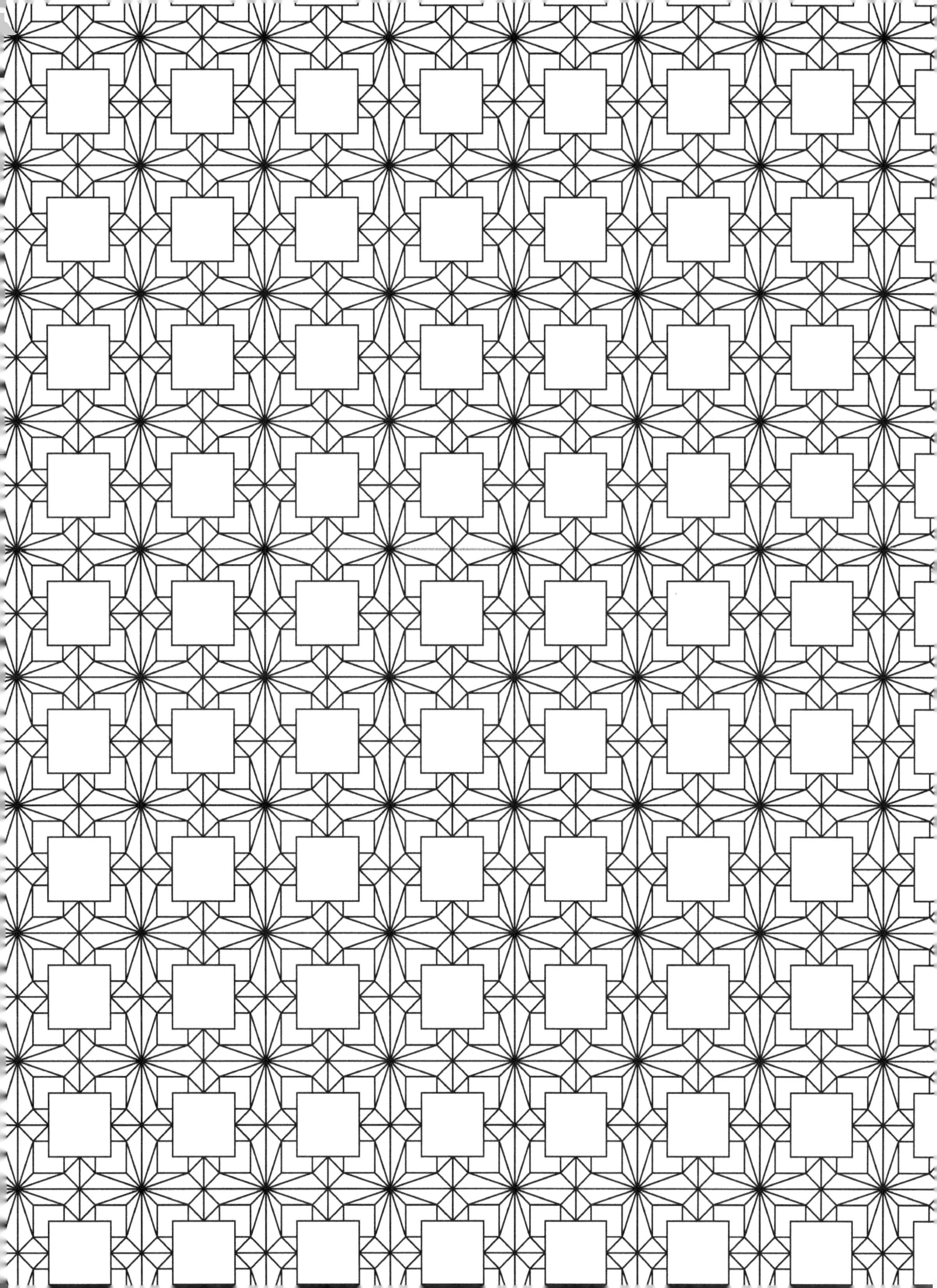

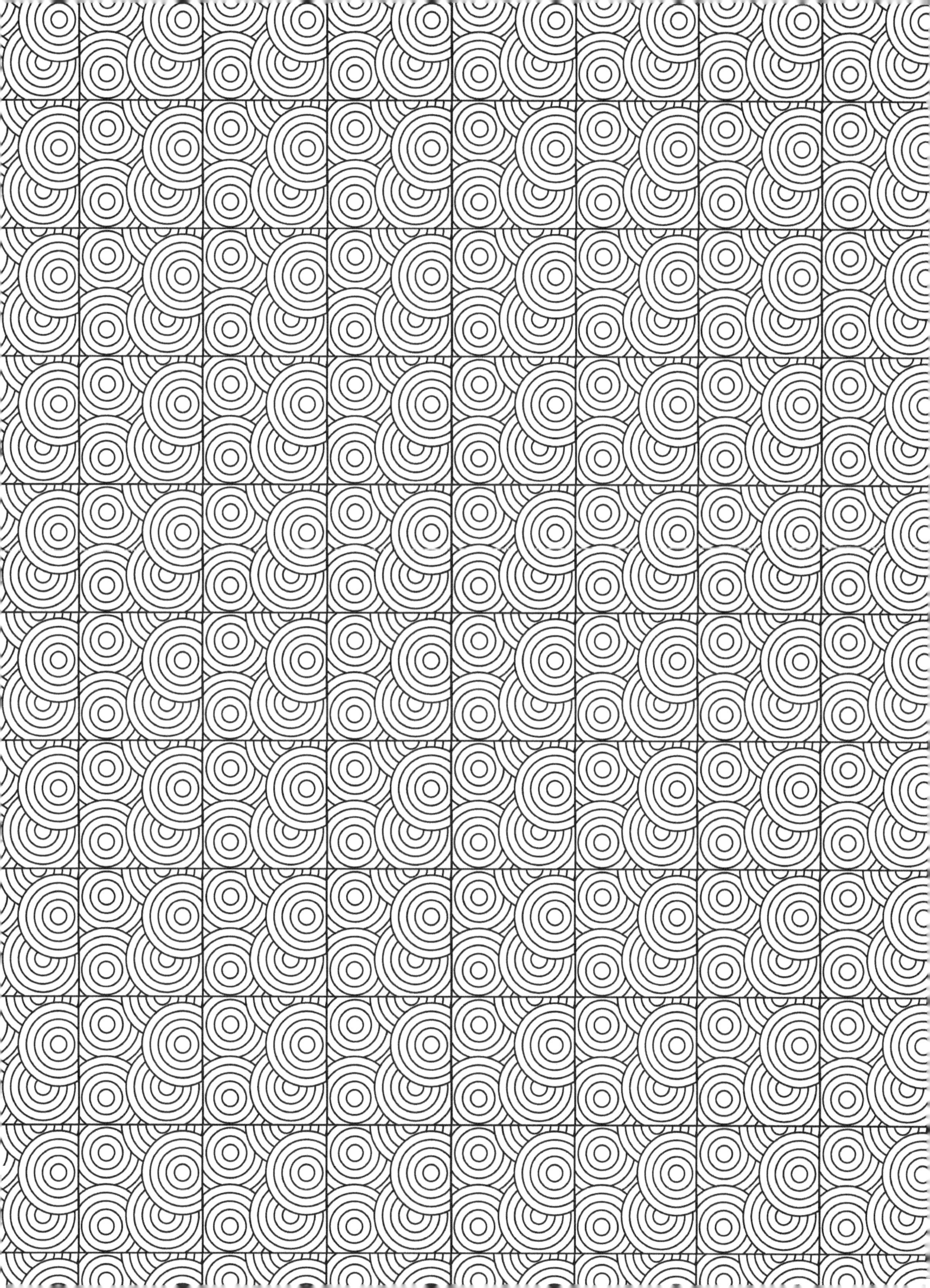

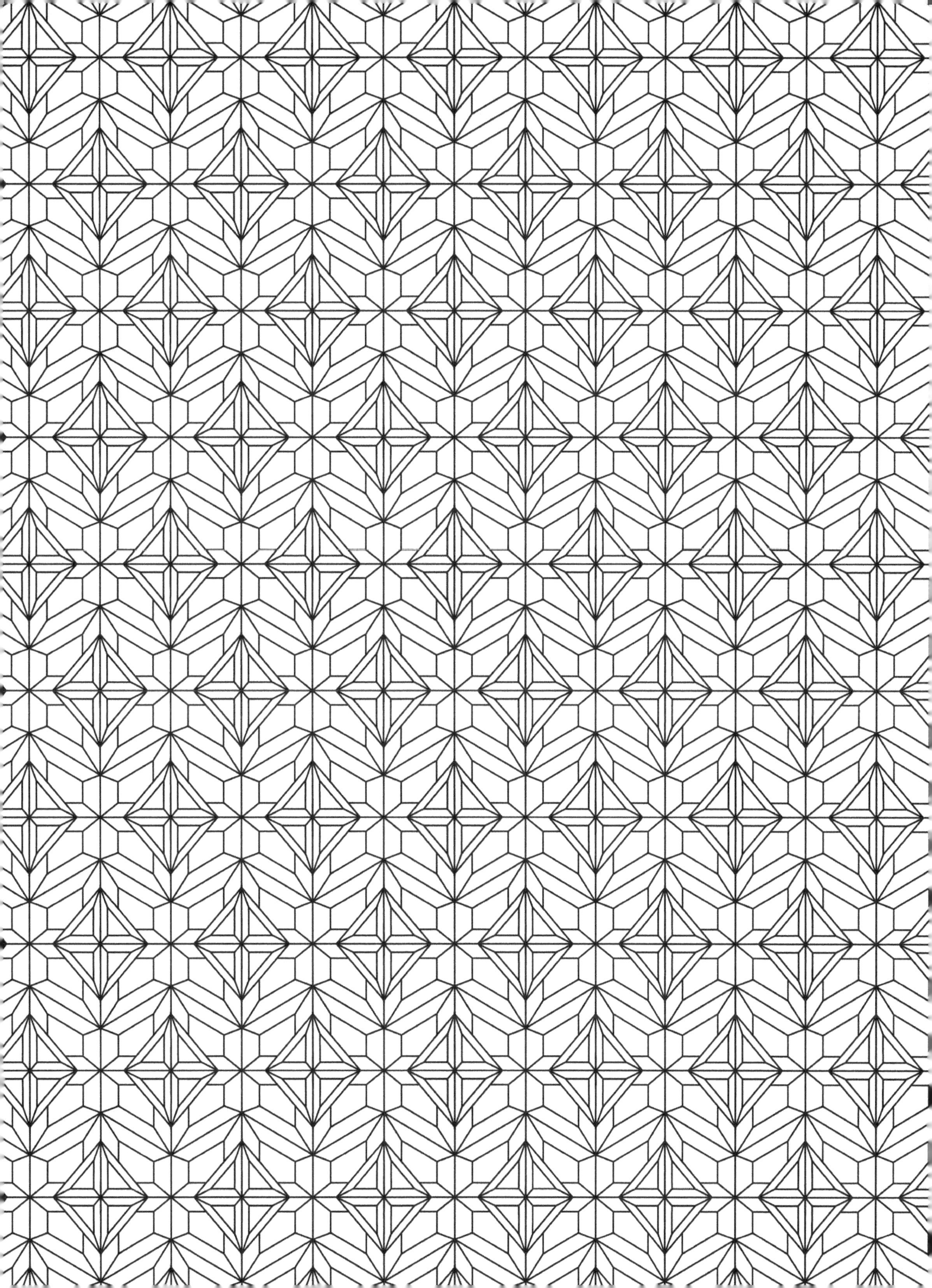

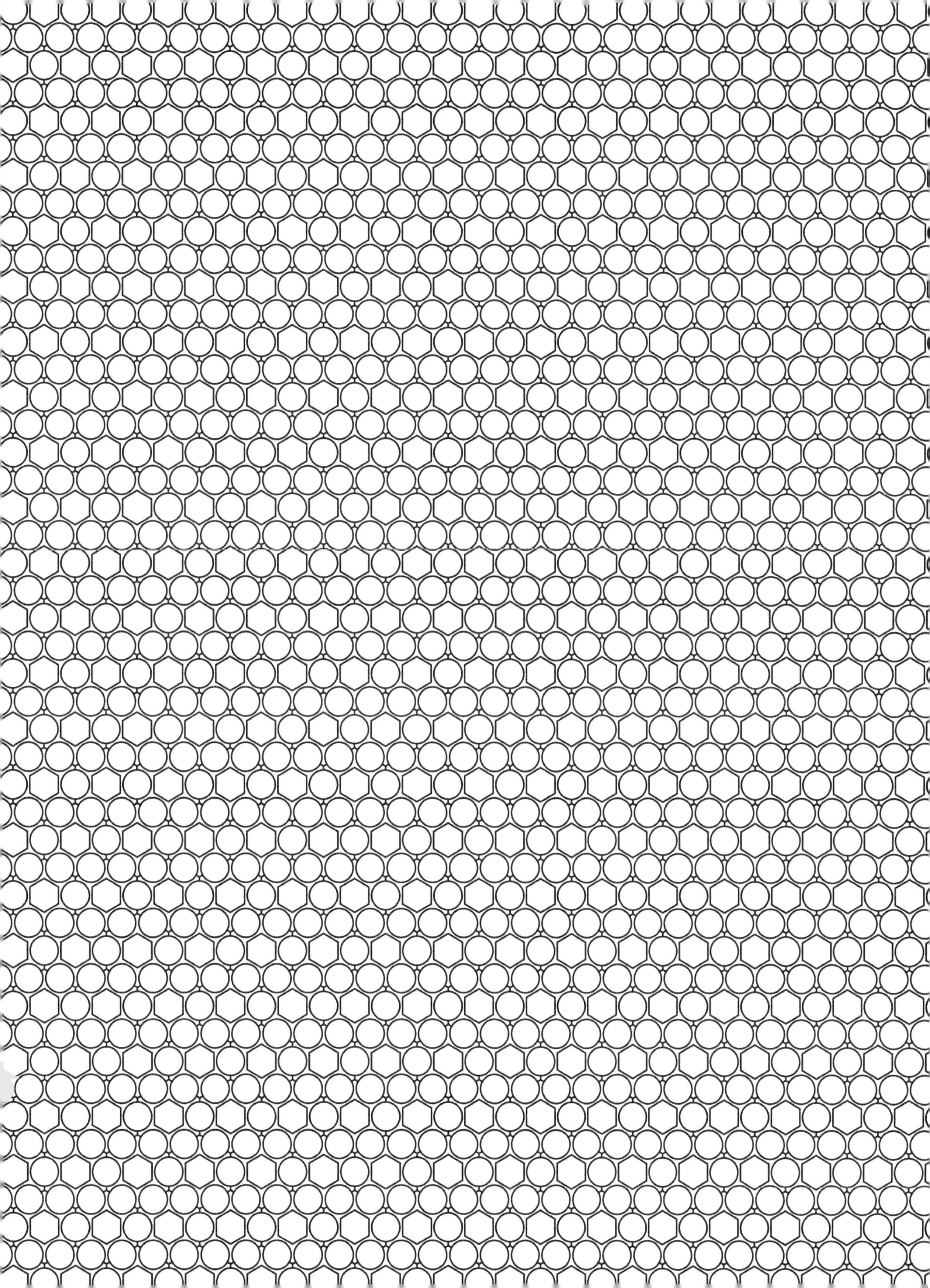